NOTICE

SUR LES

FAMILLES AUBRY D'OSCHES

ET

CLAUDOT DE ROBERT-ESPAGNE

PAR L'Abbé A. FOUROT

CHANOINE HONORAIRE DE LANGRES
DIRECTEUR AU COLLÉGE DE SAINT-DIZIER
MEMBRE DE LA SOCIÉTÉ DES LETTRES DE SAINT-DIZIER
MEMBRE CORRESPONDANT DE LA SOCIÉTÉ ARCHÉOLOGIQUE DE LANGRES
DE LA SOCIÉTÉ FRANÇAISE DE NUMISMATIQUE ET D'ARCHÉOLOGIE
ET DE LA SOCIÉTÉ DES LETTRES DE BAR-LE-DUC

BAR-LE-DUC

IMPRIMERIE CONTANT-LAGUERRE

—

1886

NOTICE

SUR

LES FAMILLES AUBRY D'OSCHES

ET

CLAUDOT DE ROBERT-ESPAGNE

NOTICE

SUR LES

FAMILLES AUBRY D'OSCHES

ET

CLAUDOT DE ROBERT-ESPAGNE

Par l'Abbé A. FOUROT

CHANOINE HONORAIRE DE LANGRES
DIRECTEUR AU COLLÉGE DE SAINT-DIZIER
MEMBRE DE LA SOCIÉTÉ DES LETTRES DE SAINT-DIZIER
MEMBRE CORRESPONDANT DE LA SOCIÉTÉ ARCHÉOLOGIQUE DE LANGRES
DE LA SOCIÉTÉ FRANÇAISE DE NUMISMATIQUE ET D'ARCHÉOLOGIE
ET DE LA SOCIÉTÉ DES LETTRES DE BAR-LE-DUC

BAR-LE-DUC

IMPRIMERIE CONTANT-LAGUERRE

1886

AVANT-PROPOS.

A *Société des Lettres* de Bar-le-Duc a bien voulu publier dans ses *Mémoires* (1876, p. 121), une partie de ce travail, celle qui concerne la famille Aubry d'Osches; mais de nouveaux documents m'ont été communiqués et j'ai dû compléter la notice.

Une famille alliée à la précédente, celle des Claudot, qui ont exercé des fonctions importantes à Robert-Espagne et dans l'abbaye de Trois-Fontaines, méritait, ce me semble, d'être signalée.

Je dois une reconnaissance spéciale à M. F. Lescuyer, héritier de ces deux familles, qui m'a laissé puiser à souhait dans ces curieux papiers, vrai trésor qui, plus d'une fois, maintint les enfants à la hauteur de leurs ancêtres en leur léguant le souvenir de mâles et généreuses vertus..

Je remercie également, le savant Secrétaire de la *Société* de Bar, M. Jacob, du gracieux et flatteur témoignage qu'il a bien voulu rendre à un travail dont le seul mérite est la vérité.

A. FOUROT.

NOTICE

SUR

LES FAMILLES AUBRY D'OSCHES

ET

CLAUDOT DE ROBERT-ESPAGNE.

ON se rappelle ces dernières années du XVIIIe siècle, où la France devint un immense champ de pillage pour les énergumènes qui la tyrannisaient, et, pour la population presque tout entière, un séjour d'horreur et de désolation. Ce que nos pères avaient appris à respecter, tout ce qui pouvait éveiller dans les âmes la noble émulation du bien, souvenirs des ancêtres, illustrations de la famille, témoignage de sa généreuse et sage influence, tout cela fut suspect, et l'on mit, à cacher ses titres de gloire, autant de zèle et d'empressement que l'on en mettait naguère à dérober les marques de son déshonneur.

De là ces papiers de famille, ces précieux manuscrits relégués au coin le plus obscur de la maison, s'ils n'étaient anéantis; de là, cette frayeur qu'ils ne fussent découverts, frayeur qui passa même et subsista long-

temps chez les enfants de ceux qui les avaient sous-
traits au regard des inquisiteurs.

Telle est l'histoire des documents particuliers où nous
avons puisé les quelques notes qui suivent. Elles concer-
nent deux familles originaires de la Lorraine, mais fixées,
il y a deux siècles environ, sur les limites de cette pro-
vince, aux *marches* de la Champagne, et qui devaient se
fondre un jour dans celle de M. Lescuyer, le savant
et consciencieux ornithologue, dont les vastes connais-
sances sont si merveilleusement relevées par son incom-
parable modestie.

Il a bien voulu nous confier ces pièces, d'autant plus
intéressantes, que plusieurs datent de l'époque où la
Lorraine avait ses princes souverains, et vivait de sa
propre vie côte à côte avec la France sa sœur aînée. Il
nous a semblé qu'il y avait quelque chose à prendre, des
exemples à recueillir, et que l'avenir pourrait bien profiter
du passé; car l'histoire glorieuse, ou tout au moins hono-
rable des familles est le plus précieux héritage pour les
enfants, qu'elle engage résolument dans la voie suivie par
leurs pères.

I.

FAMILLE AUBRY D'OSCHES.

———

Les premiers documents que nous ayons sur cette famille remontent à la fin du XVIIe siècle; et le premier nom qu'ils nous fournissent est celui de *Dominique Aubry*. Il fut maire de Bar-le-Duc de 1712 à 1715. Longtemps il avait exercé la charge d'avocat à la Cour de cette ville, et il approchait du terme de sa vie, quand sa vertu, ses talents et sa droiture lui méritèrent, de la part du souverain, Léopold, duc de Lorraine, des Lettres de noblesse relatant ses longs et loyaux services. Elles sont datées du 23 janvier 1727. En voici la teneur :

« Léopold, par la grâce de Dieu, duc de Lorraine et de Bar, etc., à tous présents et à venir, salut. Entre les sujets d'un État souverain, il s'en trouve toujours, dans chaque ville, certaines familles qui se distinguent au-dessus des autres par leur attachement et fidélité au service des Souverains et par leur zèle et travail pour le bien public; les bons sujets ne méritent pas seulement la confiance de leurs compatriotes, qui se reposent sur leurs soins de la conduite de leurs affaires communes,

mais encore celle du Souverain, qui doit leur faire part
de ses grâces en leur accordant des employs dont ils sont
capables, et en les élevant aux honneurs, rang et préé-
minences qu'ils ont mérités. Dans ces sentiments, ayant
considéré le rang que tient dans notre ville de Bar la
famille de notre cher et amé Dominique AUBRY, Avocat
exerceant au bailliage de Bar, qui a épousé demoiselle
Gabrielle Hœnnel de qualité noble, dont la mère, An-
toinette Perrin, étoit aussi noble; les alliances qu'il a
eu avec d'autres familles de même qualité, ayant plusieurs de nos Conseillers d'État pour parents; la réputa-
tion qu'il s'est acquise dans sa profession d'Avocat, qu'il
a exercée depuis longues années avec tant de distinction,
qu'il a mérité d'être choisy par deux fois Syndic de notre
ville de Bar et ensuite Maire; dans tous lesquels employs
il a signalé son zèle et sa fidélité à notre service, son
affection et son attachement au bien public; et qu'enfin,
Antoine AUBRY, son fils, aussi Avocat, marchant sur les
traces de son père, se seroit de même distingué au
barreau, dans l'administration des affaires de la ville,
dont il est actuellement Maire; et dans les commissions
dont nous l'avons chargé, desquelles il s'est acquitté à
notre satisfaction, en sorte que, de toutes parts, nous
avons cru devoir élever ledit Dominique AUBRY à l'hon-
neur et état de noblesse, qu'il est en état de soutenir
par les biens dont la fortune l'a favorisé. A ces causes
et autres bonnes considérations à ce nous mouvants, de
notre grâce spéciale, pleine puissance et autorité souve-
raine, nous avons ledit DOMINIQUE AUBRY, ensemble
ses enfants de l'un et l'autre sexe, nez et à naître en légitime mariage, leur postérité et lignée, annoblis et anno-
blissous et du titre, lustre, ordre et rang de noblesse

les avons décoré et illustré, décorons et illustrons; voulons, entendons et nous plaît qu'en tous actes, lieux et endroits, tant en jugement que dehors, et à perpétuité, ils soient tenus, traités et réputés pour nobles et reçoivent tous les honneurs et dignités dont ceux qui sont issus d'ancienne noblesse sont capables et doivent jouir et user, et comme tels, être admis aux Ordres de Chevallerie, offices et bénéfices desquels sont exclues les personnes non nobles, acquester châteaux, maisons fortes, hautes, moyennes et basses justices, tenir et posséder tous fiefs, de quelle nature et qualité ils soient, qu'ils ont et pourront acquérir cy après, en jouir, user, ordonner et disposer ainsy que bon leur semblera et qu'il leur est permis, sans qu'ils soient obligés à en vuider leurs mains ou départir d'iceux, en s'acquittant néantmoins des foys, hommages et de tous autres devoirs en tel cas requis et accoutumés, et généralement jouir de toutes les prérogatives, immunités, franchises et exemptions dont jouissent et doivent jouir les autres nobles de nos États, conformément aux loix, coutumes et ordonnances sur ce émanées des Ducs nos prédécesseurs. Et pour signe et marque de noblesse, et pour icelle décorer, nous leur avons permis et accordé, permettons et accordons d'avoir et porter les armes telles que cy après elles sont blazonnées, sçavoir : *d'argent au lyon de gueules tenant une palme au naturel,* et pour cimier, *le lyon de l'écu tenant la palme issant d'un armet morné, orné de son bourlet et lambrequins au métail et couleur de l'écu;* sans que, pour raison de nos présentes lettres d'annoblissement, ledit Dominique Aubry soit tenu de nous payer aucune finance ny de nous céder le tiers de ses biens, suivant qu'il est voulu par nos ordonnances, luy en ayant fait don et remise de notre grâce spéciale, et sans tirer à conséquence, nonobstant tous édits et ordonnances faisant au contraire, notamment l'ordonnance du onze juin mil cinq cent soixante-treize, à laquelle et aux dérogatoires des dérogatoires nous avons dérogé et dérogeons pour ce regard seulement, sy donnons en mandement... En foy de quoy nous avons aux présentes, signées de notre main et contresignées par l'un de nos Conseillers secrétaires d'État, commandemens et finances, fait mettre et appendre notre grand scel. Donné à Lunéville, le vingt-trois janvier mil sept cent vingt-sept. *Signé :*

LÉOPOLD, *et sur le replis :* Par son Altesse Royale; contre-signé : HUMBERT GIRECOURT [1]. »

Dominique Aubry portait : *d'argent au lion de gueules tenant une palme au naturel,* et pour cimier, *un lion issant de l'écu et tenant la palme.*

II. *Antoine Aubry,* fils de Dominique Aubry et de Gabrielle Hœnnel, fut reçu bachelier en droit le 18 décembre 1687, et le diplôme lui fut délivré sur parchemin manuscrit par Jean Hordal, doyen des Facultés de droit de Pont-à-Mousson. A cette pièce est appendu un petit sceau rond au centre duquel une main tient un livre ouvert; à l'entour on lit ces mots : *Sigillum Universitatis Pontimussanæ.*

Avocat comme son père, Antoine est, en 1701, receveur des casualités de S. A. R. à Bar-le-Duc. Une pièce du 30 juin de cette année nous montre quel déchet avait alors subi la monnaie.

(1) Extrait des minutes déposées aux Archives de la Préfecture de Meurthe-et-Moselle, collationné par l'archiviste, H. LEPAGE.

..... « A cause du rabais et diminution de la monnoye publiée à raison de douze livres le louis d'or, et trois livres quatre sols l'escu, il lui importe (à Ant. Aubry) d'avoir acte de reconnoissance de ces espèces qui sont dans son bureau et qui consistent en cent quatre-vingt-treize louis d'or, trois cent trente-trois escus neufs, et cent trente-deux pièces de cinq sols... »

Acte est octroyé au sieur Aubry pour lui servir en la despense du compte prochain qu'il rendra en la Chambre, ce que de raison.

Antoine Aubry se trouve dans la liste d'un ordre particulier au Barrois, des chevaliers de Saint-Hubert, et, le 12 septembre 1707, Léopold Ier, duc de Lorraine et de Bar, lui confère l'état et office de conseiller en l'Hôtel-de-Ville de Bar, « pour récompenser son zèle, sa fidélité et son affection. » Il excerça de 1724 à 1727 la charge deMaire de la même ville.

De son mariage avec Marguerite Poirot (30 juin 1692), Antoine avait eu deux fils, Henri et Joseph dont nous allons parler, et une fille, Françoise, laquelle épousa, le 18 avril 1722, Pierre Magot [1], dont la petite-fille, Madeleine-Henriette Magot, devint l'épouse de Hyacinthe Boucher de Morlaincourt [2].

III. *Henri Aubry*, chevalier de l'Ordre de Saint-Hubert, fut maître des comptes en 1722, et il est qualifié « escuyer, seigneur d'Oschès. » Ce fief, dont le nom s'é-

---

[1] Un membre de cette famille fut seigneur de Silmont et Guerpont.

[2] Les deux petites-filles d'Hyacinthe de Morlaincourt ont épousé, l'une M. Hubert Houzelot, magistrat à Bar; l'autre M. Ch. de Lagabbe, ancien percepteur à Neufchâteau et à Liesse.

crivait anciennement Oches[1], et qui n'est plus aujour-
d'hui qu'un petit village du canton de Souilly, à 18 kilo-
mètres de Verdun, fut possédé, avec une portion du fief
de Souhesmes, par :

Person Gillon, écuyer (1584-1587);
Jeanne Gillon, épouse de Simon des Gabets, écuyer;
Marguerite Gillon, épouse de Nicolas Person, écuyer;
Georges Gillon, écuyer, demeurant à Osches (1602);
René des Gillons, écuyer (1649).

Après cette famille des Gillons, les Aubry partagèrent
la seigneurie avec les Deville, derniers propriétaires du
château avant la Révolution. Le manoir, qu'ils habitaient
au sud du village, fut démoli en 1810, et c'est à peine
si l'on en reconnaît aujourd'hui la trace, tellement la
charrue a nivelé le terrain.

Par un acte daté de Lunéville (25 août 1732), Elisa-
beth-Charlotte, veuve de Léopold Ier et régente des Etats
de François son fils, nomme Henri Aubry, avocat général suppléant à Bar, tant que le sieur Hubert de Ven-
dières sera retenu à Paris pour les intérêts du duché.
Ces fonctions avaient été exercées auparavant par le sieur
de Cheppe.

Une pièce du 4 septembre 1733 constate que Henri
Aubry a prêté le serment. Il exerce la charge d'avocat
général « aux mêmes honneurs, rangs, séances, droits,
franchises, exemptions et conditions, dont ledit sieur de
Cheppe a joui en qualité de suppléant dudit sieur de
Vendière; et néanmoins conformément aux clauses et ré-

---

(1) Il est ainsi écrit sur la carte de l'Evêché (1656) ; une bulle du
pape Léon IX, de l'an 1049, en fait mention sous le nom de *Oschera*.

serves de préséance et prérogative de rang en faveur du procureur général portées par l'édit de création d'un avocat général en la Chambre (10 juin 1710), et qu'il ne pourra exercer aucune charge de judicature *dans les hautes justices de nos vassaux*, ni percevoir aucune part dans les émoluments de ladite Chambre. » — Cette pièce porte le sceau du greffe : *S. Actum ballivale S. Barri-Ducis*.

Henri Aubry, qui fut syndic de la noblesse de Bar pendant trente ans, avait eu de son mariage avec Marguerite Mac Usson, fille d'un gentilhomme irlandais, Antoine-Henri Aubry dont nous parlerons ; Marguerite-Charlotte, qui mourut jeune ; Gabrielle-Marguerite, qui épousa M. Jude-Martin-Bonaventure le Seigneur, écuyer, chevalier de Saint-Louis ; et Étienne-François Laurent qui, comme cadet de famille, entra dans l'armée et devint officier d'infanterie dans le régiment de l'Empereur, ainsi qu'on le voit dans l'acte récognitif de noblesse de 1762. Comme son père, il fut chevalier de Saint-Hubert.

Le frère puîné d'Henri-Joseph Aubry, fut nommé chanoine de l'église Saint-Pierre de Bar, par un titre daté du 24 février 1724 à Lunéville, signé de LÉOPOLD et scellé du grand sceau de cire rouge.

Léopold, duc de Lorraine, etc., notifie aux doyen, chanoines et chapitre de l'église collégiale de Saint-Pierre de Bar, que, « la collation, nomination et présentation appartenant de plein droit et en tout temps au Duc à raison de son patronage ducal, sur le bon rapport qui lui a été fait des sens, suffisance, piété et bonnes mœurs de Joseph Aubry, clerc du diocèse de Toul, les canonicat et prébende vacants par la mort d'Antoine Morizon, lui sont conférés... »

IV. *Antoine-Henri Aubry*, écuyer, prit ses inscriptions pendant deux années à l'Université de Pont-à-Mousson, et fut reçu bachelier en droit civil et en droit canon le 26 mars 1749, puis licencié le 10 novembre de la même année. Le premier diplôme est scellé du petit sceau rond décrit plus haut, et le second porte le grand sceau ovale à l'effigie de Saint-Nicolas, avec la légende : *Sigill. Facult. pontif. et cæsar. jur. in Univers. Pontimussana.*

Antoine-Hénry, chevalier de Saint-Hubert, devint conseiller à la Cour des comptes de Bar-le-Duc, et, le 15 décembre 1760, il acquit les parts et portions des demoiselles Marie-Anne et Marguerite du Haldat dans les fiefs et droits seigneuriaux d'Osches, dont le reste était possédé par le sieur Deville, bachelier *in utroque jure*. Quelques mois auparavant, le 30 août 1760, Charles-Jean de Choisy, chevalier, marquis de Mongnéville, seigneur de Varney, Remennecourt et Contrisson, « sur le bon rapport qui lui avait été fait de la personne du sieur Antoine-Hénry Aubry, écuyer, avocat au Parlement, et de sa capacité et expérience en judicature, lui avait donné et octroyé l'état et office de gruyer [1] de la gruerie du marquisat de Mongnéville et seigneurie de Varney y annexée, comme aussi l'état et office de bailli desdits lieux; lesdits offices vaquant par la démission du sieur Gabriel-François Claudot, écuyer, avocat au Parlement. » — Cet acte est signé *Choisy* et scellé aux armes de ce seigneur : *d'azur à la croix de Saint-André dentée d'ar-*

---

(1) Le gruyer jugeait en première instance les délits et malversations commis en forêts. — Le bailli était chargé de rendre la justice, de percevoir les impôts et de veiller aux détails de l'administration.

gent, cantonnée en chef d'un croissant du même, et de trois besans du même.

Le 26 juillet 1766, Charles-Jean de Choisy octroie à Antoine-Henri Aubry, écuyer, avocat en Parlement, bailli et gruyer du marquisat de Mongnéville, l'état et office de *juge-garde* en la haute justice et seigneurie de Remennecourt, vacants par la mort du sieur Henri La Faye, avocat ès sièges de Bar.

Le duc Stanislas appréciait le mérite d'Antoine-Henri, et il l'honorait de son amitié, à tel point qu'il lui permit un jour de choisir celui de ses portraits qu'il lui conviendrait le mieux [1].

Le 8 juillet 1770, messire Antoine-Henri Aubry, écuyer, seigneur d'Osches, contracte mariage avec demoiselle Charlotte-Félicité La Perrière, demeurant à Rembervillers. Le père de cette dame, M. François de Foucault de La Perrière, écuyer, avocat au Parlement, ancien prévôt-gruyer, chef de police à Rembervillers, subdélégué de Mᵍʳ l'Intendant, se démit, le 2 juin 1783, de tous droits de propriété et de jouissance au profit de :

M. Charles-François de Foucault de la Perrière, écuyer, avocat au Parlement;

Dˡˡᵉ Marie-Anne de Foucault de la Perrière, demeurant à Rembervillers;

Dˡˡᵉ Barbe-Catherine de Foucault de la Perrière, douairière de M. Claude-Antoine Cosson, demeurant à Sommelonne;

Dᵐᵉ Charlotte-Félicité de Foucault dè la Perrière,

---

(1) Ce portrait, le plus beau que l'on connaisse de Stanislas, est la propriété de Mᵐᵉ Lescuyer-Guillaume, descendante de la famille Aubry d'Osches.

épouse de M. Antoine-Henri Aubry, écuyer, demeurant
à Bar.

François de la Perrière mourut le 18 octobre 1786 à
Sommelonne où son corps fut inhumé.

Si nous en croyons les souvenirs de la famille, Antoine-Henri Aubry était directeur des postes de Bar. Il
fut incarcéré pendant la Révolution et la joie que lui
causa son élargissement inespéré le fit mourir trois jours
après. Il eut trois fils :

Henri-Jules Aubry, officier du génie militaire, mort
en Amérique ;

Henri-Charles Aubry, officier de cavalerie, mort en
Russie, selon toutes probabilités ;

Henri-François Aubry, qui épousa Mlle Anne Claudot,
le 27 germinal an XII. Il mourut la veille de sa nomination à la direction des postes de Bar.

Sa fille unique, Françoise-Charlotte Aubry d'Osches,
épousa M. Pierre-Joseph-Alexandre Guillaume, licencié
en droit, notaire à Saint-Dizier : de ce mariage naquirent :

M. Henri Guillaume, et D^{lle} Cécile-Pauline Guillaume,
épouse de M. François Lescuyer, licencié en droit et
membre de plusieurs Sociétés savantes.

II.

FAMILLE CLAUDOT.

———

ES titres possédés par les héritiers actuels de cette famille ne remontent pas au delà de 1640.

I. Le 20 juillet de cette année, *François Claudot*, capitaine, gruyer et receveur des châteaux et seigneuries de Renesson et Trémont, épouse Melle Françoise Deschappes, veuve d'Antoine Blanchette, de son vivant conseiller à la Chambre du Conseil de Nancy, et fille d'Aragone de la Cour. C'est au domicile de Melle de la Cour, à Bar-le-Duc, que le contrat fut signé. On y trouve comme témoins, entre autres, Jean Claudot, greffier du domaine en la haute justice de Trémont. De ce mariage naquit :

II. *Gabriel-Antoine Claudot.* Le 4 mars 1669, il épousa, à Mognéville, Mlle Jeanne Lemoyne.

Le duc Léopold lui accorda des lettres de noblesse en 1715, et il prit pour armes : *de sinople à la fasce d'or, accompagnée de trois étoiles du même, deux en chef et une en pointe*, et pour cimier *une étoile de l'écu* (Dom Pelletier, *Nobiliaire de la Lorraine et du Barrois*).

Ces lettres données à Nancy, le 5 novembre, contiennent en substance que « Gabriel-Anthoine Claudot est né d'un père qui, pendant plus de 50 ans, a exercé la judicature avec un bon sens qui le faisait choisir pour arbitre dans tous les différends ; qu'un de ses frères, jésuite, a gouverné avec approbation le rectorat de l'Université de Pont-à-Mousson ; que son épouse est née *demoiselle ;* que son aïeul maternel s'est distingué dans la guerre aux derniers siècles sous trois ducs de Lorraine pendant plus de 40 ans ; qu'il fut fait, par son mérite, en premier lieu sergent-major, ensuite lieutenant-colonel du régiment de la Burlotte, son cousin, avec lequel il fit entrer des secours dans Ostende... » Les 22 et 23 novembre 1715, les lettres de noblesse furent enregistrées aux greffes de la Chambre des comptes de Bar et du bailliage. Antoine Claudot, avocat au parlement, gruyer de l'abbaye Notre-Dame de Trois-Fontaines, habitait Beurey ; sa femme y mourut le 25 octobre 1720 et fut inhumée dans l'église, près de l'autel de Saint-Nicolas, du côté de l'Évangile ; lui-même mourut le 1er février 1724, âgé de 79 ans, et fut inhumé devant le même autel.

Il laissait cinq enfants :

Nicolas Claudot, qui suit ;

François-Louis Claudot, chanoine de Bourmont, bachelier en théologie, et aumônier ordinaire de S. A. R., mort le 6 octobre 1742 ;

R. P. Gabriel Claudot, prêtre religieux de la Compagnie de Jésus ;

Hyacinthe Claudot, écuyer ;

Jeanne Claudot, femme de Simon Brouiller, écuyer, avocat en Parlement.

III. *Nicolas Claudot* était né à Trémont le 4 octobre 1688; il porta les titres d'écuyer, avocat en Parlement, gruyer de l'abbaye royale de Trois-Fontaines et intendant de S. E. Mgr le cardinal de Bissy.

On sait quelle était, au xviiie siècle, l'importance de cette abbaye, *la première fille de Clairvaux*. Entre les immenses forêts qui lui faisaient ceinture et les granges ou exploitations rurales qu'elle avait établies, elle étendait son domaine sur une vaste contrée, et Henri de Thiard, cardinal de Bissy, évêque de Meaux, qui en était abbé commendataire, était en même temps seigneur de Sermaize; il fonda dans ce bourg une école de filles en 1733, avec la clause que « les deux maîtresses d'école, qu'il vient d'y appeler, vaqueront à l'éducation et à l'instruction des filles de ladite paroisse, et emploieront le reste de leur temps à donner aux pauvres malades tous les secours qu'elles pourront leur donner. »

Le 13 novembre 1729, Nicolas Claudot épousa Jeanne Boucher de Morlaincourt, et le contrat porte, entre autres signatures, celle de Dom André Bussy, docteur de Sorbonne et prieur de Trois-Fontaines.

Par ce mariage, les Claudot se trouvaient alliés aux familles les plus connues du pays; nous en avons la preuve dans un acte du 24 octobre 1742. Le chanoine Claudot avait laissé sa fortune à ses neveux; Nicolas Claudot fit convoquer ses parents pour faire l'inventaire de la succession et nommer un curateur. Or, à ce contrat comparurent : Hyacinthe Claudot, écuyer, demeurant à Beurey; Hyacinthe, baron de Colliquet, beau-frère du défunt, Claude Macusson; Henri Aubry, avocat, syndic de la ville de Bar; Louis Lemoyne, écuyer; Daniel et François de Marne, écuyers; François de la Lance, écuyer, en qualité de cousins des intéressés.

Nicolas était âgé de 70 ans, quand il mourut à Beurey, le 13 janvier 1759; il fut inhumé dans l'église de ce lieu, entre l'autel de la Sainte-Vierge et celui de Saint-Nicolas.

Il laissait trois enfants :

Gabriel-François, dont nous allons parler;
Ignace, officier au régiment de Normandie;
Jeanne-Catherine.

IV. *Gabriel Claudot*, écuyer, licencié ès lois, était né à Beurey, le 15 septembre 1730. Il épousa, le 2 octobre 1757, D^{elle} Marie-Anne Catoire, fille de Jean-Baptiste-César Catoire, receveur des finances pour le roi à Verdun, et petite-fille de César Catoire, trésorier de France à Metz.

Le 21 avril 1761, ils achetèrent à la famille de Bouvet la terre de Robert-Espagne, et cette acquisition fut confirmée par lettres patentes du 23 novembre 1761, entérinées et registrées en la Chambre, Cour des comptes de Bar, le 27 avril 1762. Sur une requête signée Aubry, avocat, la Chambre susdite décida, le 2 septembre 1769, qu'elle recevrait l'acte de foi et hommage de Nicolas Claudot au Roi. En voici la teneur :

« Louis, par la grâce de Dieu, roi de France et de Navarre, duc de Lorraine et de Bar, à tous ceux qui ces présentes verront, salut. Savoir faisons que ce jourd'hui notre cher et bien aimé le sieur Gabriel-François Claudot, écuyer, seigneur de Robert-Espagne, demeurant à Beurey, nous a fait, en notre Chambre du Conseil et des Comptes, cour des aydes et monnoies de notre duché de Bar, les reprises, foi et hommage, et prêté le serment de fidélité auquel il était attenu envers nous à cause de la terre et seigneurie de Robert-es-Pagne, et circonstances et dépendances, située sur le ressort de la Coutume de Bar, mouvante et relevante de nous à cause de notre duché, chastel et chatellenie de Bar; pour raison de quoi il s'est avoué et reconnu notre vassal et homme-lige, a juré et promis de nous rendre tous les devoirs et services auxquels il est attenu en bon, fidèle et loyal vassal envers son souverain seigneur et contre tous qui peuvent vivre et mourir, à peine et à charge de fournir et bailler un aveu et dénombrement de ladite terre et seigneurie de Robert-es-Pagne, appartenances et dépendances en notre dite Chambre dans les temps et sous les peines portées par la dite Coutume de Bar, et de réversibilité des parts procédantes de notre domaine toûtes fois et quantes il nous plaira, et sauf en tout nos autres droits et d'autrui. »

Il peut paraître intéressant, au point de vue des institutions, de rappeler ici ce que les habitants de Robert-Espagne devaient par an à leur seigneur : il y avait les impôts en argent et les redevances en nature.

Le jour de Pâques, chaque chef de famille payait *six* blancs, et la veuve, *trois* gros.

Un cheval de trait payait *neuf* blancs; une vache à lait, *six* deniers, et la brebis, *un* denier.

Le jour de la Saint-Remy, 1er octobre, chaque chef de famille devait 3 bichets de froment, 3 éminottes d'avoine, 2 gelines et 18 blancs d'argent, et la veuve, moitié;

pour chaque bête de trait, 4 bichets de froment, 4 éminottes d'avoine et 9 blancs.

Chaque habitant devait : trois corvées de charrue, une
de faux à la fenaison et deux à la moisson.

Seul, le seigneur avait le droit de mettre les bans des
moissons, des vendanges, etc.

Le 7 septembre 1774, Gabriel Claudot achetait à la
famille de Massigny le fief de Pont-sur-Saulx, et l'acquisition était confirmée par lettres patentes du 7 juin 1780,
entérinées et registrées en la Chambre des comptes de
Bar, le 9 août de la même année ; enfin, le 28 août,
Nicolas Claudot rendait foi et hommage au Roi pour la
terre de Pont-sur-Saulx.

Nous trouvons, dans un titre du 1er septembre 1780,
l'énumération des droits appartenant à la famille sur la
terre de Robert-Espagne. Les seigneurs avaient la haute
justice avec tous les droits domaniaux, les épaves, con-
fiscations, biens vacants, etc.; le droit de troupeau à
part ; le droit au tiers des fruits champêtres et des autres
profits communaux ; une double part dans les affouages ;
leur fermier était franc et exempt de subventions ; enfin,
le jour de la fête de Saint Remy, les habitants devaient
leur payer 60 francs barrois, ce qui faisait 68 livres,
1 sol, 6 deniers de Lorraine.

Quant à la moyenne et à la basse justice, ils ne les
possédaient qu'à moitié, l'administration de cette justice
étant dévolue à un maire qui avait son lieutenant, à un
procureur d'office et à un greffier duquel dépendaient
les sergents. Ces charges étaient gratuites; mais le seigneur avait droit aux amendes de 60 sols et au-dessous,
ainsi qu'à celle des jurements et des jeux. A la Saint-

Remy, les habitants lui devaient : 1° une taille fixe de 32 sols, 6 deniers ; 2° 6 fr. barrois pour droit de fouage. — Le tavernier ayant enseigne à son auberge payait 4 fr. par an, et celui qui n'en avait pas, 2 fr. seulement. Tout char de pierres de taille traversant le pays payait 1 fr. de transit, et la charrette, 6 gros. A Noël, chaque habitant devait au seigneur 1 gros, et la veuve le double, parce qu'elle avait la permission de pâturer les pâquis, de recueillir le mort bois, etc.

A la Saint-Martin d'hiver, la communauté de Robert-Espagne devait payer deux sols par arpent du terrain que les habitants avaient l'autorisation d'essarter (de défricher) ; plus, la moitié des grains ou des autres produits de cette terre nouvellement mise en culture. De leur côté, les seigneurs de Robert-Espagne devaient payer au domaine de S. A. R. le cens de 300 fr. barrois et 1,000 fr. en monnaie lorraine. Moitié de ces droits avait été aliénée par Charles III, duc de Lorraine, qui s'était réservé l'autre moitié.

Outre la maison seigneuriale, dite *de la Court*, qui, de la route, se prolongeait jusqu'à la Saulx, les seigneurs possédaient : 1° sept huitièmes de la place de la Forge, où se trouvait jadis une forge appartenant pour sept huitièmes au seigneur de Robert-Espagne, et, pour le reste, à celui de Renesson ; 2° le moulin situé sur la Saulx ; 3° les bois de l'*Étrangle-Chèvre* et le *Bas-Bois* ; 4° le pré *La Presle*, à Beurey ; 5° cinq journaux, 73 verges de terre à *la Roye des grandes hayes* ; 6° 14 journaux, 87 verges à *la Roye de derrière l'église* ; 7° 9 journaux, 32 verges à *la Roye du Ronsay* ; 8° un arpent et demi de pré à *la Côte-Peuchôt*, à Beurey ; 9° une île en nature de pré, dépendant du fief de Pont-sur-Saulx.

Ce dernier fief comprenait : 1° la maison seigneuriale ; 2° la forge et le fourneau ; 3° la rivière de Saulx avec le droit de pêche ; 4° deux îles en nature de pré, dont l'une avait servi jadis pour l'établissement d'une papeterie ; 5° cinquante journaux, vingt arpents de terre arable.

D'un arrêt de la Cour des comptes (30 octobre 1786), il appert que le sieur Gabriel Claudot est en possession de noblesse ; à cet arrêt est annexé un « Extrait des rôles de la subvention imposée sur les habitants de Beurey depuis 1756, » démontrant que les Claudot ont toujours été compris au nombre des nobles et exempts (15 oct. 1786).

Gabriel Claudot, voulant faire entrer un de ses fils dans le corps du génie, il lui fallut prouver les quatre degrés de noblesse de cet enfant. Mais la famille avait négligé d'obtempérer à l'Édit du duc François (19 déc. 1730), prescrivant à tous ceux qui jouiraient de la noblesse à titre de concession, d'obtenir de lui les lettres de confirmation : fort heureusement, la Cour de Bar déclara que cet Édit n'avait pas été enregistré au Parlement, ni exécuté dans le Barrois.

Les pièces requises ayant été mises sous les yeux du roi Louis XVI, séant en son Conseil d'État, le monarque maintint Gabriel Claudot en sa noblesse. « Sa Majesté, dit le titre, veut en conséquence que lui (G. Claudot) et ses descendants en ligne directe, tant de l'un que de l'autre sexe, nés et à naître en légitime mariage, soient tous censés et réputés pour gentilshommes en tous actes et endroits tant en jugement que hors de jugement, et qu'ils jouissent, tant qu'ils ne feront aucun acte de dérogeance, des mêmes honneurs, immunités, exemptions, privilèges et prérogatives que les autres gentilshommes du royaume ; à l'effet de quoi ils seront inscrits, si fait n'a été, sur le Catalogue de la noblesse de France, et partout ailleurs où besoin sera... » Cet arrêt fut enregistré à la Cour des comptes de Bar, le 10 avril 1790.

Gabriel-François Claudot fut père de six enfants : deux fils dont la postérité est éteinte aujourd'hui, et quatre filles, dont la plus jeune, Anne-Marie Claudot, née le 20 février 1771 et morte le 26 décembre 1855, avait épousé Henri-François Aubry et laissait une fille, Charlotte Aubry, née le 2 prairial an XIII à Bar-le-Duc. Elle se maria le 20 avril 1829 avec M. Guillaume, licencié en droit et notaire à Saint-Dizier. De ce mariage naquirent :

Henri Guillaume, mort sans avoir été marié ;

D^{lle} Cécile-Pauline Guillaume, qui épousa, en 1848, M. François Lescuyer. Leur fils, M. Paul-Jean Lescuyer est actuellement vice-président du Conseil de Préfecture de l'Aube [1].

---

[1] La famille Lescuyer, qui paraît au xviiie siècle dans les actes de la commune de Charmont, devait être originaire du Barrois. L'*État civil* de Charmont (5 fév. 1748) nous fait connaître Jean-Baptiste Lescuyer, fils de Pierre Lescuyer. Ce dernier, qui mourut le 21 février 1782 à Charmont, n'était point né dans cette localité.

Jean-Baptiste Lescuyer fut notaire dans son pays de 1773 à 1809.

Pierre-Jean Lescuyer, son fils, né le 13 mai 1782, succédait à son père comme notaire le 16 novembre 1809, et il exerça cette charge jusqu'au 17 février 1829. — L'évêque de Meaux l'avait nommé conseiller de fabrique le 12 mars 1811. Il a laissé deux fils :

MM. François Lescuyer, dont le fils M. Paul Lescuyer, officier d'Académie, auteur de plusieurs ouvrages sur la législation et l'administration, et d'une savante Géographie de l'Aube, vient de recevoir du Bey de Tunis la décoration du Nicham.

Jean-Théogène Lescuyer, ancien notaire, ancien adjoint au maire de Saint-Dizier, dont les deux fils MM. Pierre et Charles Lescuyer, élèves de l'École forestière, ont brillamment conquis leur position par leur intelligence secondée d'une infatigable ardeur au travail.

ÉPILOGUE.

Ces pages que je destinais à l'un de nos plus
anciens et de nos plus chers élèves du col-
lège de Saint-Dizier, je ne puis que les dépo-
ser sur sa tombe à peine refermée : le 10
janvier 1886, M. Paul Lescuyer succombait à
la fleur de l'âge, après une courte mais doulou-
reuse maladie.

Après avoir conquis ses grades et terminé son cours de
droit, il s'était montré dans la guerre de 1870 aussi bon
soldat qu'il avait été studieux élève; comme tant d'autres,
il pouvait se donner des loisirs : les circonstances lui
ouvrirent une carrière laborieuse, il la suivit bravement,
sans arrière-pensée. Secrétaire particulier du Préfet de
la Marne, puis conseiller de Préfecture à Épinal, ensuite à Bar-le-Duc, enfin Vice-Président du Conseil
de Préfecture de l'Aube, il puisa dans l'exemple de son
père et dans la vie de famille le goût des études sé-
rieuses auxquelles il consacra les heures que lui laissaient
ses devoirs professionnels.

Plusieurs travaux sur l'administration municipale, sur
des questions litigieuses de la jurisprudence; une Géographie de l'Aube, qui seule attestait un patient labeur
et des recherches considérables, avaient appelé sur lui

des distinctions dont sa modestie s'étonnait : officier d'Académie, décoré par le Bey de Tunis de l'ordre du Nicham, il recevait quelques semaines avant sa mort, de la Société académique de l'Aube, une médaille d'or pour sa *Géographie*. Mais ses travaux et ceux qu'il méditait, si considérables qu'ils fussent, n'égalaient pas la droiture et l'aménité de son caractère.

Dans un temps où les passions politiques rendent parfois les relations si difficiles et si périlleuses, il s'est concilié non-seulement l'estime, mais l'affection de ses chefs et de ses subordonnés, et le cortège qui l'a conduit à sa dernière demeure était la preuve la plus touchante du respect et des sympathies que s'attirent les hommes fidèles au devoir. Jamais en effet, dans l'exercice de ses délicates fonctions, il ne sacrifia la vérité, jamais il ne faillit à ses obligations dont il savait au besoin adoucir les rigueurs par son affabilité naturelle.

M. Paul Lescuyer laisse à ses enfants et à toute sa famille son exemple comme le plus noble et le plus glorieux héritage, et de la tombe il leur redit, ou plutôt il rappelle à tous ceux qui l'ont connu, que l'on peut être un bon citoyen sans manquer à Dieu et que l'on paraît avec confiance à son tribunal lorsque l'on n'a cessé de croire et d'espérer en lui, et que l'on a consacré sa vie au travail, au bien de ses semblables et à la défense de la justice.

A. FOUROT.

BAR-LE-DUC, IMPRIMERIE CONTANT-LAGUERRE.

www.ingramcontent.com/pod-product-compliance
Lightning Source LLC
Chambersburg PA
CBHW051010060726
47593CB00017B/1519